Regarde !

Les fées bougent en musique, c'est magique !

Ce livre contient cinq étonnantes animations fériques en réalité augmentée. Cette technologie récente permet de donner vie aux fées qui semblent surgir des pages. Voici la marche à suivre...

1 

Assure-toi que ton ordinateur soit doté d'une webcam (intégrée ou extérieure). Vérifie qu'il puisse lire le logiciel de réalité augmentée - voir les configurations minimales requises en page de gauche.

2 

Insère le CD fourni dans ton ordinateur. Double-clique sur l'icône *Fairyland Magic*, et suis les instructions afin de lancer le programme*. Sois patiente. Quand l'écran montre la webcam en action, le logiciel fonctionne.

3 

Ce pictogramme sur une page propose une animation en réalité augmentée ! Présente la page à la webcam, puis appuie sur les touches indiquées de ton clavier et regarde...

*Tu peux installer le logiciel sur ton disque dur pour éviter d'utiliser le CD à chaque fois.

Quelques conseils

- Avant de commencer, active et augmente le son de ton ordinateur.
- N'expose pas le livre à un éclairage trop puissant. Éclaire-le normalement.
- Pour une vue en pleine page, clique sur le bouton violet en haut à gauche de la fenêtre. Pour fermer la fenêtre, clique sur la croix rouge.
- Suis les consignes pour déplacer ou faire agir les fées.
- Pour changer l'angle de vue ou voir une fée de plus près, tourne doucement ton livre ou approche-le de la webcam.

Besoin d'aide ?

Si tu rencontres un problème, tu trouveras des conseils pour y remédier sur le site Internet de l'éditeur du logiciel **www.carltonbooks.co.uk**. Attention, ils sont rédigés en anglais. Va sur le livre appelé *Magic*, puis clique sur le robot vert AR et suis les instructions.

Lorsque le premier des bébés s'esclaffa pour la première fois,
les fragments de son éclat de rire sautèrent de-ci de-là.
C'est ainsi que les fées vinrent au monde.
Aujourd'hui, chaque fois que naît un enfant,
son premier rire se transforme en créature magique.
Tous les garçons et les filles s'en voient
donc en principe attribuer une.

Peter Pan, James Matthew Barrie

Imprimé en Chine.
Dépôt légal : octobre 2010. CE
Isbn : 978-2-84196-813-8

La Magie des Fées
en réalité augmentée

Raconté par Sabine Minssieux et Lucile Galliot,
d'après le texte original de Alison Maloney.
Illustré par Patricia Moffett.

Editions
Quatre
Fleuves

Le royaume des fées

Comme chacun le sait, on peut tomber sur des créatures magiques dans la rue ou en pleine nature… Leurs cachettes préférées ? Les feuillages de la forêt, les fleurs du jardin, mais aussi les cailloux des chemins, les tiroirs des commodes… Voltiger par-delà les frontières ne pose aucun problème aux fées, car elles viennent d'une contrée lointaine interdite aux mortels : le royaume des fées. Il n'en existe pas de carte. Par chance, au cours des siècles, les traditions orales et écrites ont permis de trouver quelques pistes sur cet étrange pays…

Un pays à nul autre pareil

Le monde féerique diffère sensiblement du nôtre. Là-bas, le ciel peut virer du bleu au vert en un clin d'œil, et les nuages prendre des allures de barbe à papa. Mieux, l'or coule à flots dans les rivières du royaume et les lacs renferment une eau d'une inégalable pureté. Enfin les fleurs abondent : violettes, roses, lilas ou plantes fantastiques parent leurs incroyables paysages.

Dans les échoppes, les lutins vendent de la nourriture, des vêtements et des souliers spécialement étudiés pour leurs pairs, ainsi que les accessoires in-con-tour-nables à la pratique de la magie : baguettes magiques, poudre de perlimpinpin et ingrédients pour jeter des sorts.

Les épiceries regorgent de miel, de fruits, de breuvages à base de rosée ou de nectar de fleurs, mais aussi d'étranges végétaux aux noms étonnants : oreille-de-souris, queue-de-renard… Consommés sous forme d'infusion, de décoction ou simplement de bonbons, ils peuvent tout soigner !

Mais avec quel argent règle-t-on ses achats là-bas, me demanderez-vous ? Il existe une monnaie féerique sécurisée qui se change en feuille morte dès qu'elle sort du royaume !

Le pays des fées constitue un lieu de vie délicieux, où les habitants s'entendent bien. Les mauvais sujets en sont d'ailleurs bannis par la reine Titania jusqu'à ce qu'ils fassent amende honorable, tandis que les êtres exceptionnels se voient décerner un certificat de gentillesse, distinction des plus recherchées.

Pot de départ au pays des fées

Les créatures magiques quittent régulièrement le royaume, le temps de remettre un peu d'ordre sur la terre des humains.

Avant de s'éclipser, elles s'engagent à se tenir éloignées des adultes pendant leur séjour terrestre et à revenir au moins une fois l'an, pour célébrer le solstice d'été.

Après délibération, la reine et ses conseillers rédigent une lettre officialisant l'expédition.

Quiconque déserte sans permission est exclu pour sept ans, sinon davantage. Tu vois, là non plus on ne plaisante pas avec le règlement ! Une fois l'autorisation délivrée, on organise un pot de départ et les voyageurs s'envolent pour la Terre... ou les océans !

Le château de Titania, la reine des fées

Au sommet d'une colline dominant le royaume des fées trône une splendide demeure. Là vivent en harmonie Titania, la reine des fées, son époux Obéron, roi des elfes, et toute leur suite.

Beauté, bonté, loyauté sont les maîtres mots de Titania. Afin de montrer l'exemple, la souveraine reçoit ses sujets au château, les nuits de pleine lune, pour de magnifiques fêtes. Vêtus de somptueux atours, les invités dînent tout d'abord et dégustent, entre autres, des baies rares et raffinées, de multiples miels, des vins doux et du nectar. Ensuite, les convives se dirigent vers la salle de bal ou descendent dans les jardins pour danser jusqu'au petit matin. Quelle ambiance !

Au large, vous, serpents tachetés,
langues doubles,
Hérissons épineux, on ne veut plus vous voir.
Salamandres et vers aveugles,
ne nous faites ni tort ni peine,
N'approchez pas de notre Reine.

Shakespeare, *Le Songe d'une nuit d'été*

Les lois du royaume des fées

1. Tes compatriotes féeriques tu respecteras.
2. Les merveilles de la nature tu soigneras.
3. La brutalité envers les êtres vivants et les animaux tu refuseras.
4. Des défauts des autres point ne te moqueras.
5. Tes déchets tu trieras et recycleras.
6. Pour rien au monde tu ne voleras, sinon l'objet dérobé en poussière tombera.
7. À l'espièglerie tu t'adonneras, mais de la méchanceté tu t'abstiendras.
8. Pour le solstice d'été, au château tu te présenteras, ou sept ans exclu du royaume tu resteras.
9. Le chemin du pays des fées sous aucun prétexte tu ne révéleras.
10. À ta reine Titania toujours fidèle tu seras.

Au son des trompettes, les portes du château s'entrouvrent lentement, poussées par les gardes royaux.
Et voici qu'apparaît, devant tes yeux émerveillés, la reine des fées !

- Assise sur son trône, elle attend ton salut pour te souhaiter la bienvenue. Dans cette immense salle d'apparat, elle rencontre sujets et visiteurs.

- Titania adore danser ! Les festivités culminent le soir du bal du solstice d'été, au cours duquel les fées du royaume tourbillonnent toute la nuit.

- Chaque matin, la reine choisit une nouvelle tenue dans son cabinet de toilette. Des fées jardinières viennent ensuite la coiffer d'une cascade de fleurs.

Maintenant, rencontre la reine...

Surprise féerique

- As-tu lu les conseils du début ?
- Présente la page avec des gestes doux et précis à la webcam. Le palais de la reine apparaît.
- Appuie sur la **barre espace** ▬ de ton clavier et fais venir la reine Titania. N'hésite pas à tourner le livre pour changer ton angle de vue.
- Appuie sur la **flèche du haut** ↑ pour la voir saupoudrer de la poudre magique et créer des fruits merveilleux.
- Appuie sur la **flèche du bas** ↓ pour qu'elle fasse pousser des fleurs...

La reine Titania

Réalité augmentée

Entre dans le royaume des fées et découvre son palais en musique.

Magie blanche et magie noire

Bien que gais de nature, elfes et fées n'oublient pas qu'ils ont une mission à remplir et qu'ils doivent s'en acquitter au mieux. La plupart d'entre eux cherchent à embellir la vie des Hommes et à la préserver de toute catastrophe. Quelques-uns, toutefois, préfèrent malheureusement tourmenter les humains.

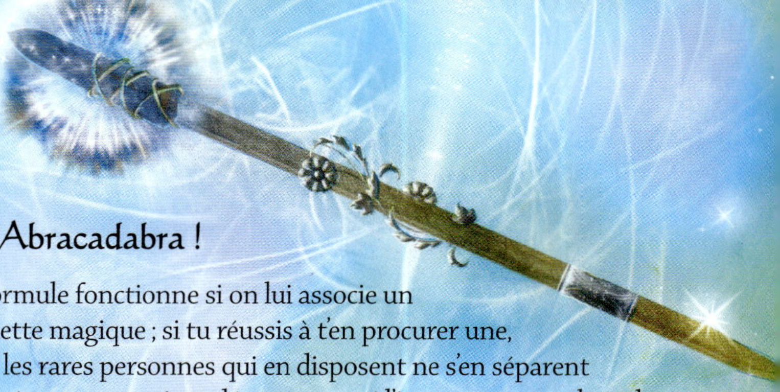

Abracadabra !

Cette célèbre formule fonctionne si on lui associe un moulinet de baguette magique ; si tu réussis à t'en procurer une, bravo ! En effet, les rares personnes qui en disposent ne s'en séparent jamais car les conséquences seraient désastreuses si l'instrument tombait dans des mains indélicates… Une baguette magique se compose d'un rameau de noisetier sans écorce, enrichi d'un morceau de cristal. Toujours marquée au nom de son propriétaire sous forme de lettres invisibles, la baguette ne fonctionne qu'une fois aspergée de poudre de perlimpinpin.

Crois en ta bonne étoile…

… et en ta bonne marraine, car tu en as sûrement une. Mais tu l'ignores probablement ! Heureusement, celle de Cendrillon s'est manifestée à temps, sans quoi il n'y aurait eu ni carrosse, ni soulier, ni bal, ni prince ! La Belle au bois dormant, elle, fut encore plus gâtée : ses six fées bienveillantes ont réussi à annuler les malédictions de l'odieuse Carabosse (certes au bout de seize ans). Si d'aventure tu rencontres ta bonne fée à toi, saute sur l'occasion mais réfléchis. Elle ne pourra t'aider qu'une fois à chaque apparition, alors privilégie les requêtes essentielles !

Un onguent surnaturel

Lorsqu'un bébé naît au pays des fées, on lui applique sur les paupières une huile spéciale permettant de distinguer l'invisible. Si cet onguent existait sur Terre, cela nous changerait la vie, non ?

La poudre de perlimpinpin

Une fée en possède toujours une petite provision, car il s'agit du matériau de base de la magie. La recette, secrète, n'est connue que de Titania et d'Obéron. On suppose que cette merveilleuse substance tombe de la lune et des étoiles. Véritable concentré de magie, elle transforme tout ce qu'elle touche. Habituellement de couleur or ou argent, la poudre de perlimpinpin existe aussi en rose et en violet car les elfes des fleurs y ajoutent des pétales moulus.

Les flèches, un traitement de choc !

Ne te demande plus pourquoi l'on tombe amoureux, ni pourquoi les guérisons ou les maladies surgissent parfois brusquement. Fées et elfes en sont responsables en décochant des flèches de silex en direction des humains. Mais attention, certains esprits maléfiques peuvent les utiliser pour se venger lorsqu'on leur a causé du tort...

Fabuleux trèfle à quatre feuilles...

Très rare, cette plante porte-bonheur se rencontre parfois sur notre planète, alors ouvre l'œil et le bon ! Les fées la considèrent comme un antidote contre le mauvais sort. Selon la légende, la première feuille communiquerait l'espérance, la seconde la foi, la troisième l'amour et la quatrième la chance.

Des doigts de fée

Ta grand-mère est experte en couture et ta cousine en déco ? Il doit y avoir de la fée en elles. Très habiles de leurs mains, certaines personnes adoucissent la vie des autres par de petits gestes concrets, tout simples à leurs yeux. Et si tu en faisais partie ?

Comment reconnaître un enfant de fées ?

Exceptionnellement, les créatures magiques volent des bébés humains pour les prendre à leur service et déposent à leur place dans le berceau un nouveau-né de fées. Souvent affligés d'un visage de vieillard, ces bambins brillent surtout par leur caractère de cochon. Pour savoir si ton frère ou ta sœur est un enfant de fées, sers-lui son repas dans une coquille d'œuf et observe sa réaction. S'il se met à caqueter et à tenir des propos de vieillard, tu as affaire à un spécimen féerique. Alors... bon courage !

Les fées du logis

Une maison propre et rangée, voilà le rêve des fées spécialisées dans la joie domestique. Certaines font preuve de plus d'efficacité que d'autres, mais dans l'ensemble leurs coups de balai et coups de pouce éducatifs donnent aux humains un sacré coup de main. Attention, toutefois, à ne pas les froisser. Si les fées se sentent méprisées elles peuvent, du jour au lendemain, faire les quatre cents coups. Gare aux représailles !

La fée en chef

Cette sympathique petite femme se charge du ménage et veille sur la maisonnée. Chez toi, tout est impeccable ? Tes parents y sont pour quelque chose, certes, mais la fée du logis a dû les seconder. On en compte une seule par foyer. Affectionnant les enfants, elle élit domicile, de préférence, dans les familles nombreuses, surtout si le papa et la maman peinent à « faire tourner la boutique ». Spécialiste du nettoyage, notre amie borde aussi les bébés et aère les chambres d'ados. Son péché mignon ? La gourmandise. Veille, de temps à autre, à lui laisser des fraises à la crème… Elle adore !

Les fées soyeuses

Ces jolies demoiselles vêtues de soie blanche s'occupent en priorité des personnes débordées. Jadis, elles se contentaient de conseiller les femmes de chambre, mais aujourd'hui elles se retroussent les manches. En dehors du ménage, elles guident les étourdis vers le trousseau de clés introuvable ou le dossier volatilisé. Un bémol : plutôt coquines, elles pourraient bien sauter d'une branche d'arbre pour te faire peur au détour d'un sentier !

Les farfadets

Ces lutins énergiques au sourire ravageur et à l'allure hirsute ne demandent qu'à se rendre utiles, notamment devant une pile d'assiettes sales. Qui n'a jamais écarquillé les yeux en constatant qu'« on » avait lavé et rangé la vaisselle ? Joueurs, ces petits êtres attachants se plaisent en compagnie des enfants et des jeunes. Si tu croises un farfadet, il te racontera de merveilleuses histoires, mais ne lui offre rien en échange. La gratuité étant sa devise, il se vexerait et tournerait les talons.

Côté cuisine

La nature fournit tout ce qu'une fée ou un elfe peut souhaiter pour se nourrir : des baies, des graines, du miel, de l'eau de source. Mais aussi le nectar des fleurs, le lait (du moins à la campagne), et les ingrédients pour confectionner des douceurs. Comme des gâteaux féeriques qu'elles cuisent dans un four en pierre caché dans la forêt pour les grandes occasions.

Comment se débarrasser des gnomes nuisibles ?

Vêtus de haillons, les gnomes domestiques dégagent une odeur pestilentielle car ils ne se lavent jamais. Pire, il n'y a pas plus tapageurs et casse-pieds qu'eux : ils font rater tout ce qu'ils peuvent. Renverser les carafes, claquer les portes, tirer la queue des chats et titiller les chiens pour qu'ils aboient les amuse beaucoup. Quelles calamités ! L'idéal est donc de ne JAMAIS les laisser s'introduire chez soi. Si tu penses que c'est trop tard, ne désespère pas pour autant : joue du tambour et chante le plus faux possible, peut-être les feras-tu fuir !

Les esprits du jardin

Les elfes et les fées qui vivent dans les jardins sont les moins faciles à repérer car de très petite taille. Ils osent ainsi s'approcher tout près des humains car ils savent que les adultes se concentrent sur leurs tâches au lieu de regarder autour d'eux. Comme par hasard, les seules personnes les ayant vus sont des enfants, naturellement ouverts à des rencontres extraordinaires…

Les belles jardinières

Travailleuses acharnées, elles se lèvent tôt pour vérifier que les plantes du jardin ont reçu leur ration de rosée. Elles désherbent et veillent à ce que les fleurs ne se trompent pas de coloris au moment de s'ouvrir. Ces fées-là ont un corps parfait et de jolis vêtements faits de feuillages et de pétales.

Les lutins classiques

Minuscules créatures pourvues d'un nez en pied de marmite et d'oreilles pointues, ils s'avèrent gais et très agréables à côtoyer. Méfie-toi car ils sont farceurs par nature ! Attends-toi, si tu jardines, à te faire faucher tes outils ou à voir tes plantations pousser de travers. La faute aux lutins ! Grands amateurs de fêtes, ils se trahissent parfois en laissant derrière eux de microscopiques et luisantes empreintes de pas.

Les esprits de la ferme

Le petit peuple féerique de la ferme diffère grandement des habitants du jardin. En milieu rural, la force, la débrouillardise et le travail sont des valeurs importantes.

Les fées champêtres

En échange d'un simple verre de lait, ces créatures se mettent en quatre pour un agriculteur. Dotées d'une longue chevelure blonde, elles s'occupent plus particulièrement du bétail : elles aident les vaches à vêler, les poules à couver, les petits animaux à s'alimenter correctement pour grandir. Ces demoiselles voyagent de ferme en ferme par voie aquatique et, toutes trempées à leur arrivée, essayent de se sécher au coin d'un feu, dehors ou dans une maison. Si tu as la chance d'habiter sur une exploitation agricole et de voir s'approcher une fée champêtre, accueille-la chaleureusement : elle saura récompenser ta famille pour ce geste d'hospitalité et lui porter bonheur.

Les lutins follets

Leur taille microscopique, qui tranche avec leur visage de vieillard, leur permet de se glisser par les trous de serrure et de s'offrir, la nuit venue, une grenouille rôtie sur la cuisinière de la ferme. Trêve de plaisanterie : ces spécimens sont coquins voire dangereux. Même s'ils assurent la protection de la ferme en chassant les intrus, on leur prête le pouvoir d'égarer les voyageurs en précipitant les voitures dans des ornières en générant du brouillard...

Le leprechaun, ou nain cordonnier

Même s'il reste un professionnel de la chaussure, ce drôle de cordonnier s'y connaît aussi en travaux des champs. Il propose parfois au fermier un porte-bonheur, tel le trèfle à quatre feuilles, réclamant en retour des meubles miniatures ou du cuir pour ses souliers. La besogne achevée, le leprechaun adore faire la fête. Si tu en croises un et qu'il te prend en sympathie, il t'emmènera peut-être au pied d'un arc-en-ciel pour t'offrir un chaudron rempli d'or.

Les elfes-ouvriers

Petits bonshommes pleins de vivacité, ils aident à la maturation des produits de la ferme : ils transforment le lait en beurre, fabriquent la croûte du fromage et s'assurent que les charcuteries sèchent lentement. Ils aiment également soigner les animaux de la basse-cour, les agneaux et les cabris. Mais pour rien au monde ils ne passeraient à portée d'un chat !

Un jardin coloré et parfumé garantit qu'une belle fée jardinière œuvre en cachette, aidée des lutins ! Approche-toi furtivement d'un parterre fleuri et examine chaque pétale.

- Avec un peu de chance et beaucoup de patience, tu verras peut-être une minuscule fée jardinière s'affairer d'une plante à l'autre avec grâce.

- Elle s'occupe à de nombreuses tâches, mais préfère avant tout prendre soin des fleurs. Elle choisit leurs couleurs et les modifie selon son gré.

- En ajoutant quelques grammes de magie à ses talents féeriques, elle garnit parcs et jardins pour notre plus grande joie.

Maintenant, as-tu envie de rencontrer une fée jardinière ?

Surprise féerique

- Présente la page avec précision à la webcam. Une énorme fleur apparaît...
- Appuie sur la **barre espace** ▬ de ton clavier pour découvrir la fée jardinière.
- Appuie sur la **flèche du haut** ↑ pour voir la fée changer la couleur des fleurs.
- Ensuite appuie sur la **flèche de gauche** ←, la **flèche de droite** →, la **flèche du bas** ↓ ou la **flèche du haut** ↑ pour voir les fleurs passer du rouge au rose, au violet ou au jaune.

Flore, la fée jardinière

Réalité augmentée

Entre dans le jardin enchanté, écoute et découvre la fleur qui abrite Flore.

Les maisons des fées

Les fées et les elfes choisissent leur maison avec une attention particulière. Si se loger au royaume enchanté ne pose aucun problème, dénicher une habitation correcte en forêt, sous l'eau ou encore dans un jardin s'avère bien plus délicat.

Flairer la bonne affaire

L'environnement est primordial. Un domicile féerique bâti dans un cadre sans poésie ou trop près des humains semble impensable. Les fées souhaitent dénicher un coin abrité non humide (sauf les esprits aquatiques, bien sûr), où la propreté règne.

Cela dit, à chacun ses habitudes. Les habitants du jardin se contentent d'un nid de feuilles et de brindilles, tandis que les forestiers préfèrent coloniser les troncs d'arbres creux ou les champignons géants. Avec beaucoup de chance, tu tomberas sur une immense résidence dans laquelle les fées vivent en colocation !

Mais tu risques de ne point les voir car, rapides, elles se cachent au moindre danger.

Où se cachent les nains, me diras-tu ? Dans les celliers ou les granges. Et la fée des dents ? Au royaume enchanté, dans un palais rose bonbon, demeure des esprits du rêve. Quant au peuple aquatique, il réside dans des grottes ornées de nacre et de coquillages.

Une maison forestière

Personnaliser son chez-soi

Champions du recyclage, les fées et les elfes font du neuf avec du vieux, des prodiges ave n'importe quelle matière, voir même des débris végétaux. La mousse, les pommes de pin... ornent avec bonheur leurs pièc très fonctionnel

Un intérieur douillet

Pour alimenter les douches en eau on se sert d'une branche feuillue, les gouttes de rosée parvenant jusqu'au baigneur par capillarité.

Les araignées tissent pour les fées de ravissants rideaux.

Une vasque remplie d'eau constitue un excellent miroir, mais les fées ont trop d'ouvrage pour se regarder dans la glace.

es bébés dorment dans des
rolles de tulipe, les grands
mmeillent dans des couchettes
essées de feuilles ou de fougères.
s fées aiment recevoir amis
famille. Minichampignons
ı cailloux servent de tables
de chaises, tandis
ıe la vaisselle est
ı coquille de noix
ı de noisette.

On apprécie le confort de coussins bourrés de plumes et cousus avec du fil de soie sauvage.

Les mystérieux hôtes des bois

Forêts et bosquets abritent les plus timides des créatures enchantées. Dans cet environnement préservé, loin des regards humains, elles profitent du calme et de l'air pur aux senteurs végétales.

Les enfants peuvent espérer entrapercevoir le petit peuple des bois, à condition de garder le silence et de se montrer patient : des heures d'affût s'avèrent souvent nécessaires.

Les hôtes des bois se rassemblent régulièrement pour échanger des potins ou s'amuser. As-tu déjà observé, dans une clairière, un cercle planté de champignons ? Cet endroit que l'on nomme « cercle magique » a probablement abrité des milliers de danseurs minuscules pendant toute une nuit...

Les gnomes

Gardiens des mines et des carrières, travailleurs acharnés, ils aiment la forêt pour les pierres dures ou précieuses que son sol renferme parfois.

Emploi du temps

- ☛ **À l'aube :** petit déjeuner.
- ☛ **8 h :** rendez-vous sous le chêne centenaire.
- ☛ **9 h :** cueillette de semences de clochettes et de myosotis.
- ☛ **12 h :** déjeuner au bord de la rivière.
- ☛ **14 h :** cueillette de pétales.
- ☛ **16 h :** fabrication de parfums à base de fleurs.
- ☛ **18 h :** récolte de fougères pour renouveler les litières.
- ☛ **19 h :** dîner.
- ☛ **22 h :** départ pour le bal enchanté – prévoir de bonnes chaussures afin de danser toute la nuit !

Les nymphes

Le poète Ronsard a averti les bûcherons : abattre les arbres revient à tuer les nymphes qui les habitent. Alors, attention à choisir seulement ceux qui sont malades. En revanche, rien ne réjouit autant ces demoiselles qu'un enfant grimpant aux arbres... s'il ne casse pas de branche.

La fête des clochettes

Événement-phare de l'année pour le peuple des bois, cette fête se tient au mois de mai, quand s'épanouit le muguet, et dure toute une nuit. Sur un magnifique parterre de fleurs, les fées graciles et les gnomes pataudes, vêtus d'étincelantes tenues, valsent au son des clochettes de muguet qui, comme chacun sait, tintinnabulent lors des grandes occasions.

Les fées-papillons

Gracieuses et élégantes, ces délicates créatures aux ailes diaphanes s'avèrent d'une incroyable discrétion. Pour garder leur légèreté, elles se nourrissent de nectar et de miel.

Les esprits des bois

Aux points d'eau, attends-toi à trouver des petits bonshommes enjoués qui taquinent les papillons. Les esprits des bois ne nous veulent aucun mal. Au contraire, ils nous ravissent en peignant les feuilles des arbres, l'automne venu, en jaune, rouge et orangé. Quels artistes !

Après l'effort, le réconfort !

Pendant la journée, le peuple des forêts se dépense sans compter pour sauvegarder la faune et la flore locales. Les animaux portent parfois sur leur dos une de ces minuscules créatures épuisées. On se moque de toi quand tu affirmes avoir vu un esprit chevaucher un écureuil ou une souris ? Laisse dire en souriant... Amateurs de banquets sous les étoiles, les hôtes des bois raffolent des châtaignes, glands, mûres et autres baies, sans oublier le miel ! S'il vient à manquer, on s'adresse aux lutins qui s'approvisionnent chez les abeilles, leurs grandes amies.

Quel est ce léger bruissement qui s'élève du tapis de feuilles mortes ? Une fée des bois se promènerait-elle non loin de là ? Sur la pointe des pieds, cours te cacher derrière un arbre et guette son passage.

- Le moindre bosquet, la plus petite futaie abrite une ou plusieurs fées des bois. Mais il faut y regarder de très près, car leur timidité n'a pas d'égale.
- L'été, elles ramassent les pétales des fleurs sauvages pour confectionner des parfums à la fragrance délicate.
- Lorsque l'hiver touche à sa fin et que les premiers boutons s'épanouissent, les fées des bois fêtent l'arrivée du printemps.

Es-tu prête à rencontrer la fée des bois ?

Noisette, la fée des bois

Réalité augmentée

Surprise féerique

- En présentant ton livre, tu as fait apparaître un gros champignon...
- Appuie sur la **barre espace** ▬ de ton clavier et observe la fée...
- Sers-toi de la **flèche du haut** ↑ pour réveiller la timide créature.
- Appuie sur la **flèche du bas** ↓ pour la voir s'envoler ; ensuite elle souffle dans sa trompe.

Pénètre doucement dans la forêt enchantée. Chut ! La fée est endormie...

Le hit-parade des fées

Lorsqu'une fée devient célèbre sur Terre, la reine Titania la récompense en plaçant un tableau à son effigie au Panthéon du royaume enchanté. Curieusement, les mauvais sujets y figurent également. En revanche ils n'ont droit qu'à un coin sombre, alors que les personnages de valeur sont exposés en pleine lumière.

La fée Bleue

Sans l'intervention de la douce et belle fée Bleue, Pinocchio, l'espiègle pantin de bois, n'aurait jamais pu devenir un vrai petit garçon !

Brave Pinocchio ! À cause de ton bon cœur, je te pardonne tes fautes passées.

La fée Bleue, *Pinocchio*, Carlo Collodi

La fée de Noël

Elle appartient, comme les elfes, à l'équipe de choc du Père Noël. C'est elle qui dresse la liste des cadeaux accordés à chaque enfant. Quand sonne l'heure de décorer les maisons, la fée part soigner les sapins afin qu'ils gardent leurs aiguilles au-delà du jour J. Un arbre de Noël déplumé dès le 25 décembre procure trop de peine aux enfants !

Poucette et Tom Pouce

Poucette, adorable fée miniature sortie d'une fleur et éduquée par une femme, fut un jour enlevée par une répugnante grenouille qui voulait la marier à son affreux fils. Avec la complicité des poissons et d'un papillon, la demoiselle leur échappa, mais un hanneton jeta son dévolu sur elle. Après maints rebondissements, Poucette, parvenue à dos d'hirondelle dans les pays chauds, rencontra son prince charmant - du même format qu'elle - et l'épousa !

De la même façon, Tom Pouce, petit garçon pas plus haut que le doigt, fut élevé par des parents humains. Sa petite taille lui valut bien des difficultés mais lui permettait aussi de parler à l'oreille des chevaux et de s'en faire obéir. Ainsi, après avoir échappé aux griffes d'un voleur, le vaillant Tom revint chez lui, riche d'un butin dérobé à son ravisseur.

Les marraines de la Belle au bois dormant

La princesse Aurore avait six fées pour marraines ! Penchées sur le berceau, elles formulaient des vœux de bonheur pour leur filleule quand la méchante fée Carabosse les interrompit et jeta un mauvais sort. La fillette mourrait à l'âge de seize ans, en se piquant à la quenouille d'un rouet. Par chance la sixième marraine, qui ne s'était pas encore exprimée, atténua la malédiction : la princesse sombrerait dans un sommeil de cent ans mais resterait en vie. À quinze ans révolus, Aurore s'endormit en effet pour un siècle... Et un beau prince la réveilla d'un baiser.

La Reine des neiges

D'une beauté à couper le souffle, elle n'en fait pas moins preuve d'une terrible froideur. Quiconque reçoit d'elle trois baisers risque de se changer en statue de glace.

La fée Clochette et le Pays Imaginaire

La fée Clochette (nommée aussi Tinn-Tamm) est responsable de Peter Pan. Grande comme la main, elle a un charme incroyable. S'exprimant par tintements à la manière des clochettes, elle sait voltiger à toute allure, briller et clignoter dans l'obscurité. Jalouse de Wendy et sujette à la colère, elle a cependant toujours protégé l'aérien Peter Pan du cruel capitaine Crochet.

Clochette habite le Pays Imaginaire en compagnie des Garçons Perdus, une flopée de galopins qui n'ont pas grandi. Dans cette contrée onirique demeurent également pirates, sirènes, Peaux-Rouges... Tu te demandes peut-être comment y accéder ? Il faut voler jusqu'à dépasser une certaine étoile...

Son manteau et son bonnet étaient de neige, et c'était une femme grande, élancée et d'un blanc aveuglant : la Reine des neiges en personne !

La Reine des neiges, Hans Christian Andersen

La deuxième à droite, et ensuite tout droit jusqu'au matin...

Les créatures aquatiques

Douée de pouvoirs magiques, l'eau attire mille et une fées. Qu'elles aient élu domicile au fond du vaste océan, au creux d'un lac tranquille ou dans un ruisseau, elles prennent soin de la faune et de la flore subaquatiques. Poissons, plantes, coraux... bénéficient de leur protection, mais l'aide des humains est toujours bienvenue.

Les Asrai

Magnifiques Lilliputiennes translucides craignant la lumière du soleil, les Asrai sont rarement repérables. Elles vivent dans les profondeurs sous-marines et n'en sortent que tous les cent ans, par une nuit sans lune.

Le pêcheur et l'Asrai

Au temps jadis, par une nuit noire, un pêcheur ramena dans ses filets une créature de rêve. L'Asrai le supplia de la relâcher, mais sa voix se confondit avec le tumulte des vagues et le pêcheur n'entendit pas ses paroles. Alors elle le regarda d'un air implorant ; mais cet homme cupide décida de garder sa prise pour en tirer de l'argent. Lorsqu'il eut regagné la terre ferme, le pêcheur rassembla les curieux pour leur montrer sa prisonnière. Mais... elle avait disparu ! Sur le moment, il crut avoir rêvé. Cependant, il vit apparaître sur son bras un point glacé qui demeura en toute saison et d'année en année. C'était l'endroit où l'Asrai l'avait touché...

Les esprits de l'eau

Ressemblant à des fillettes, ils ont les cheveux bleu indigo comme les flots qu'ils fréquentent. Amphibies, ces esprits se montrent gentils tant qu'on ne les menace pas, et ramènent volontiers au bercail les baigneurs ou pêcheurs malchanceux.

La Dame du Lac

As-tu déjà entendu parler du roi Arthur et de sa fameuse épée, Excalibur ? Selon la légende, la puissante fée Viviane, alias la Dame du Lac, lui en aurait fait présent pour le protéger lors des batailles. Hélas ! Le roi finit par être blessé et l'arme magique faillit regagner les profondeurs ; heureusement, Viviane jaillit des eaux et récupéra l'épée, qui depuis demeure introuvable.

Le peuple des abysses

Jardiniers des océans, ces petits lutins habitent les profondeurs.
On en trouve dans toutes les mers du monde, et au cœur des lagons et des lacs salés.
Leur passion : le jardinage. Leur royaume regorge de fleurs aux couleurs vives ou or et argent. Ils se mettent en quatre pour les soigner, parfois à coups de formules magiques, obtenant des résultats extraordinaires.
Ils ont même inventé une rose aux pétales arc-en-ciel !
Quelques plongeurs privilégiés ont pu contempler ces contrées enchanteresses. Ils n'oublieront pas de sitôt l'ivresse de ces instants !

Les sirènes

Démons marins de sexe féminin, elles ont le visage et la poitrine d'une jeune fille, mais une queue de poisson en guise de jambes. Férues de musique, les sirènes sont des enjôleuses capables d'attirer les hommes, par leurs chants et leur beauté, vers les récifs mortels. Se boucher les oreilles avec de la cire, comme les compagnons d'Ulysse lors de son odyssée, permet de leur échapper.

Les nymphes aquatiques

Ces ravissantes créatures vivent dans les fontaines, sources, puits et rivières. Ne se déplaçant guère, elles veillent à la prospérité des plantes environnantes. Les agriculteurs leur doivent beaucoup. Les nymphes sont capables de transmettre à l'eau des vertus curatives. Ainsi boire à une fontaine peut te porter chance.

Lorsque des ondulations rident la surface d'un étang sans raison apparente, c'est qu'une fée aquatique vient de plonger.

- Scrute la surface des eaux scintillantes d'un étang et tu apercevras peut-être la silhouette furtive d'une fée plongeant ses yeux dans les tiens.
- Les fées aquatiques adorent explorer les profondeurs et nager avec les poissons, les batraciens et les crustacés.
- Certaines d'entre elles prennent un malin plaisir à faire des farces... Reste donc sur tes gardes lorsque tu paresses au bord de l'eau, car elles pourraient t'éclabousser !

Et maintenant, qui va surgir de l'eau ?

Océane, la fée aquatique

Réalité augmentée

Surprise féerique

- As-tu bien monté le son ?
- Appuie sur la **barre espace** de ton clavier pour faire jaillir la fée...
- Appuie sur la **flèche du haut** ↑ pour qu'elle s'envole vers la droite.
- Avec la **flèche du bas** ↓, fais-la voler vers la gauche et s'asseoir sur son rocher.
- En utilisant de nouveau la **flèche du haut** ↑, fais revenir la fée en position centrale.

Observe l'étang et admire les bulles qui se forment à la surface de l'eau !

La fée des dents,

l'associée de la petite souris

Tu l'auras compris, on travaille beaucoup au royaume enchanté. Mais sais-tu que la plus active de tous reste la fée des dents ? Moins connue que la petite souris, c'est pourtant cette grande dame qui emporte les dents de lait des enfants et les collectionne dans son palais. Autant dire qu'il s'agit d'une voyageuse au long cours car chaque jour et chaque nuit, des millions de bambins perdent l'une de leurs quenottes.

À la recherche des dents perdues

Prévenue par la fameuse petite souris de la présence d'une dent sous un oreiller ou sur une table de chevet, la fée donne son accord pour son enlèvement. En échange, elle confie au rongeur une pièce de monnaie ou un cadeau pour l'enfant. La dent récupérée rejoint les autres dans une salle-bibliothèque, où on la classe. Le palais rose héberge des elfes qui travaillent comme magasiniers, artisans sculpteurs ou experts en joaillerie, et transforment les dents en bijoux. Au pays enchanté, on se les arrache !

Notre amie la fée des dents se montre aussi coquette que discrète ; elle porte des robes blanches, des colliers et des bracelets fabriqués avec l'ivoire des dents. Elle se chausse de souliers de soie décorés de perles, ses ailes ont des reflets d'or, tandis que sa chevelure parsemée de paillettes luit. Mademoiselle porte une bourse en soie dorée, remplie de poudre de perlimpinpin, qu'elle confie à la petite souris. Si celle-ci voit l'enfant remuer dans son lit lorsqu'elle officie, elle lui jette une pincée de poudre pour le replonger dans le sommeil.

Par monts et par vaux

Comment la fée devine-t-elle qu'une dent de lait ne tient plus qu'à un fil à l'autre bout du monde ? Grâce au rapport de sa fidèle associée, la petite souris ! Elle fournit la liste de toutes les quenottes prêtes à tomber, et l'adresse des jeunes propriétaires. Ceux-ci recevront leur cadeau s'ils mettent à disposition leur dent perdue dans un délai raisonnable.

Les fées des rêves

Les fées des rêves collaborent étroitement avec la fée des dents. À vrai dire, quand cette dernière se lasse de courir le monde, on choisit sa remplaçante parmi les fées des rêves. Les fées des rêves vérifient que les petits enfants sont correctement bordés et ne souffrent ni de la chaleur ni du froid ; puis elles tentent de créer de beaux rêves dans leur douce tête. En cas de cauchemar, une troupe d'élite arrache le mauvais rêve et le lance dans le ciel, où il se transforme en minuscule nuage d'orage. Quand il en rencontre d'autres, il s'assemble. Alors le gros nuage crève, la pluie tombe et balaye les idées noires responsables des nuits agitées. Vivement qu'il pleuve !

Les astuces pour s'endormir

✓ Bois un verre de lait chaud avant de te coucher.

✓ Pense à des choses agréables en t'allongeant : aux vacances, à tes meilleurs amis, au bruit de la mer…

✓ Va au lit sans te faire prier : le marchand de sable ne passe pas toujours deux fois !

Les ennemis des fées

Si la plupart des fées et des elfes ont pour objectif de faire le Bien, certains s'opposent encore et toujours à leur action. Les humains adultes, d'abord, notamment parce qu'ils détruisent l'habitat des fées. Mais le pire danger vient du pays enchanté lui-même, des créatures aux pouvoirs diaboliques. Sorcières, trolls et autres gobelins, en se mettant au service du Mal, représentent la plus grande menace…

Les sorcières

Ces affreuses mégères hantent souvent des cavernes forestières, ce qui les amène, hélas, à croiser nos amis du royaume enchanté. Elles usent de magie noire pour capturer les fées et les retenir prisonnières dans des flacons jusqu'à ce qu'elles livrent leur poudre de perlimpinpin. Une pincée de cette poudre dans un chaudron maléfique double en effet la puissance du sortilège. Une fée refuse de céder ? Dans certains cas, la sorcière plonge la récalcitrante dans son immonde mixture…

Il existe heureusement des sorcières repenties après une rencontre avec une bonne fée, qui s'appliquent à créer le bonheur.

Les géants du froid

Le premier des Scandinaves, nommé Ymir, naquit du contact de l'air glacial de Niflheim, le pays du froid éternel, avec l'air chaud de son voisin Muspellheim, le pays du feu. Pendant son sommeil, Ymir engendra différentes créatures, dont des géants comme lui.

Redoutables, ces derniers ont le pouvoir de tout faire givrer autour d'eux, à des kilomètres à la ronde, et de détruire la végétation, tant sur la terre que sous la mer. Ils peuvent donc anéantir les efforts des bons sujets de Titania. Pour battre la campagne, ils prennent souvent la forme d'un dangereux brouillard givrant. En revanche, ils attaquent rarement l'Homme de front ; et de toute façon, pénétrer dans une maison les ferait fondre !

Les gobelins

Ces nains trapus ont déclaré la guerre aux habitants pacifiques du royaume enchanté, et plus particulièrement aux elfes. Leur laideur repoussante est probablement à l'origine de leur hostilité à l'égard des fées. Ils essayent de kidnapper leurs jolis enfants et de les remplacer par leurs rejetons, ce qui se voit naturellement au premier coup d'œil... Savais-tu qu'un rictus de gobelin pouvait faire tourner le lait, et qu'ils avaient le pouvoir de déclencher des incendies ?

Les trolls

D'une laideur repoussante et semblables à des ogres, ces nains verdâtres se tiennent en montagne, sur les cols, en interdisant le passage. S'ils se nourrissent de viande, la chair humaine ne les tente guère et ils se contentent d'effrayer les voyageurs. En revanche, ils détestent les fées et les elfes, ne rêvant que de les broyer entre leurs grosses pattes ! Par chance nos amis, bien plus véloces que les trolls imbéciles, s'en tirent presque toujours...

Observer les fées

Les fées nous côtoient, souvent à notre insu. Si elles usent de leurs pouvoirs magiques pour demeurer invisibles à nos regards, en revanche elles laissent des signes de leur présence. Alors arme-toi de patience, sonde ta maison ou ton appartement, sans oublier le jardin. Enfin, lors d'une promenade en forêt ou au bord de la mer, regarde partout. Ne perds pas de temps ! Rappelle-toi que tes chances de découvrir des fées diminuent avec les années. Plus tu grandis, plus tes aptitudes au merveilleux risquent de s'amenuiser.

Chez toi

Très ordonnées, les fées domestiques balayent souvent toute trace de leur passage. Guette les exceptions ! Une goutte de lait, des miettes ici ou là... Ces indices révèlent qu'on a déjeuné. Observe aussi le comportement de ton compagnon à quatre pattes. Un chien agité ou un chat fasciné par le dessous d'un placard vient parfois d'assister à un remue-ménage féerique. Si la pauvre bête court après sa queue, dis-toi qu'elle a peut-être sur le dos un cavalier invisible !

Dans les jardins

Fais le tour et note tes découvertes. Tiens, un tas de feuilles ou de pétales ! Un elfe a sans doute dormi là. Tu as retrouvé des cailloux disposés en cercle, comme des sièges miniatures ? Une réunion a dû avoir lieu pendant la nuit. Enfin, analyse les arbres creux : les lutins ont pu y laisser leurs provisions de glands, feuillages ou brindilles.

Ne pas déranger...

Montre-toi curieuse, mais jamais indiscrète. Sache que les personnages du monde enchanté ont horreur d'être dérangés, en particulier la nuit, lors de leurs rondes musicales dans les clairières et les jardins. Si tu les aperçois, tapant le sol de leurs pieds menus, ne t'approche sous aucun prétexte. Ceux qui ont essayé ont été bien punis, hypnotisés pendant sept ans sans même s'en apercevoir !

Dans les bois

Quand tu traverses une forêt, pense aux minuscules champignons. Tabourets de fées, ils sont fréquemment plantés en cercle. Les créatures magiques en profitent pour s'asseoir dessus... ou voler de l'un à l'autre comme dans un parcours sportif !

Comment attirer les fées ?

L'idéal, c'est d'attendre le moment magique de la pleine lune...

Tu souhaites accueillir des elfes dans ton jardin ? Aide tes parents à y planter des tournesols, des capucines, des tulipes, ainsi que de la lavande et du chèvrefeuille, à l'odeur délicieuse ! N'oublie pas les fraises des bois pour remplir les estomacs féeriques... Enfin rien de tel, surtout en hiver, qu'un nichoir aménagé exprès pour tes visiteurs. Prends soin d'y laisser des petits bols pleins d'eau, ils t'en seront reconnaissants !

Tu rêves d'héberger des fées sous ton toit ? Range bien ta chambre, aère-la, passe régulièrement l'aspirateur et le chiffon à poussière. Autrement tu feras détaler les bons esprits, tandis que les mauvais se précipiteront chez toi ! Pour mettre toutes les chances de ton côté, place sur le rebord de ta fenêtre quelques friandises ; un peu de lait, de miel et des biscuits sur une soucoupe les attireront sans nul doute.

Prête l'oreille : une fée passe...

Chut ! Attention de ne pas effrayer les fées qui t'entourent. Approche-toi sans bruit et surveille attentivement les environs. Qui sait ? Tu pourrais même en tenir une dans ta main !

- Pour trouver une fée, mets-toi à l'écoute de tes sens. Si une brise légère vient soudain te caresser la nuque, l'une d'elles se trouve probablement tout proche.

- Dans les bois, les fées aiment danser au centre des « cercles magiques ». Aussi, reste attentive lors de ta prochaine promenade en forêt !

- Méfiantes envers les adultes, les fées se cachent toujours en leur présence. Timides par nature, elles aiment cependant jouer avec les enfants doux et amicaux.

Es-tu prête à rencontrer Brume,
la petite sœur de Flore ?

Surprise féerique

- Pose le disque dans ta main et présente-le à la webcam. Que vois-tu ?
- Appuie sur la **barre espace** ▬ du clavier pour faire apparaître une coupe…
- Appuie sur la **flèche du haut** ↑ pour qu'apparaissent des fruits délicieux.
- Sers-toi de la **flèche du bas** ↓ pour que surgissent des lys.
- Et si tu appuies sur les **flèches de gauche** ← ou **de droite** →, que se passe-t-il ?

Comment tenir une fée dans sa main…

Réalité augmentée

Prépare-toi à rencontrer Brume, la fée des rêves. Tends la main délicatement…

Un look féerique

Coquettes, les fées ? Oh oui ! Déployant des trésors d'adresse et d'imagination, elles transforment le moindre fil d'araignée, le moindre pétale, la moindre feuille morte en une tenue de bal personnalisée, sans oublier les accessoires. Rien ne se perd ! Et si, toi aussi, tu te lançais dans tes propres créations ?

À portée de main

Esthétique, résistant, élastique... rien ne vaut le fil de toile d'araignée pour coudre. On en trouve partout : dans les forêts, les jardins, voire même les maisons ! Les insectes distribuent généreusement leur substance à leurs amis enchantés. Fourmis, abeilles et guêpes, quant à elles, sécrètent une gomme liquide qui, en se solidifiant, leur permet de construire leurs nids. Si les fées leur prêtent main forte, elles reçoivent en retour de précieuses boîtes de ce liquide, qu'elles utilisent pour confectionner les tenues de gala.

Le costume féerique est souvent constitué de feuillages et de pétales. Chaque année, pour le solstice d'été, les habitants du royaume refont leur garde-robe... pour rien. Encore mieux que les soldes !

Les accessoires

Comment créer des bijoux d'exception ? À partir des produits naturels. Pour fabriquer des colliers, boucles d'oreilles et bracelets assortis, on enfilera sur un fil d'araignée des baies chatoyantes, des perles, des pierres colorées... Recherche-t-on un style marin ? On emploiera alors de rouges coraux et des coquillages nacrés. Une fée ou un elfe à la mode se chaussera chez le nain cordonnier, qui confectionne de délicates pantoufles de vair ou de solides bottillons. Les sacs à main existent en différents coloris, la teinte provenant de minéraux broyés ou de pétales dissous. Les coiffures aussi sont à base de fleurs, agrémentées de plumes chatoyantes collées par de la cire. Enfin, les coques des fruits deviennent de jolis chapeaux pourvus d'agrafes en brindilles.

Les ailes

C'est le top du top ! Pourtant, au royaume de Titania, on ne naît pas forcément avec des ailes. Quelquefois il faut même les gagner ! Les créatures qui ne volent pas possèdent plusieurs jeux d'ailes d'apparat, qu'elles portent pour la fête des clochettes ou le solstice d'été. On se les accroche dans le dos pour l'occasion. Elles sont réalisées avec des plumes perdues par les oiseaux.

Le mimétisme

Le camouflage garantissant leur sécurité, les fées assortissent au maximum leurs tenues à leur cadre de vie. Si nombre d'entre elles, notamment dans les bois, s'habillent en suivant les saisons, ce n'est donc pas uniquement par coquetterie !

L'été

Pour la saison la plus colorée de l'année, le jaune, le rose vif et le violet se placent en tête du classement. Les tenues estivales légères sont souvent complétées par un chapeau-pétale de fleur.

Le printemps

Les couleurs-clés de la saison sont déterminées par… les floraisons ! Bleu clochette, vert prairie, jaune jonquille et rose tulipe donnent le LA. Aux fées, ensuite, de composer leur tenue festive ; le résultat sera varié, inattendu, et forcément magnifique.

L'automne

Dépouillant arbres et arbustes de leurs feuilles, l'automne approvisionne les elfes en matériaux de toute beauté, rouges, verts ou orangés. Il vente ? Qu'à cela ne tienne ! D'une cupule de gland, ces artisans font un bonnet garni de plumes. Avec ça, impossible de s'enrhumer ! Il pleut ? Alors ils proposent à leur clientèle un parapluie de persil plat !

L'hiver

Cousus avec du fil d'araignée, les poils de lapin blanc (récupérés au printemps lors de leur chute) sont utilisés pour confectionner des manteaux ou des couvertures bien chaudes. À la campagne, on recueille aussi la laine de mouton accrochée ici et là sur les barrières pour en fourrer les bottes. Enfin, des étoles en feuilles de lierre apportent une note chic.

Certificat de féerie

Je soussignée Sa Majesté Titania certifie que…

....

Colle ta photo ici.

a mérité ce diplôme en raison de son profond respect pour mon peuple, et en particulier pour la discrétion dont elle fait preuve à notre sujet.

Désormais comptée parmi les humains de confiance, puisse cette jeune fille rester digne de cet honneur et ne jamais révéler aux adultes ce qu'elle sait de nous.

La reine Titania